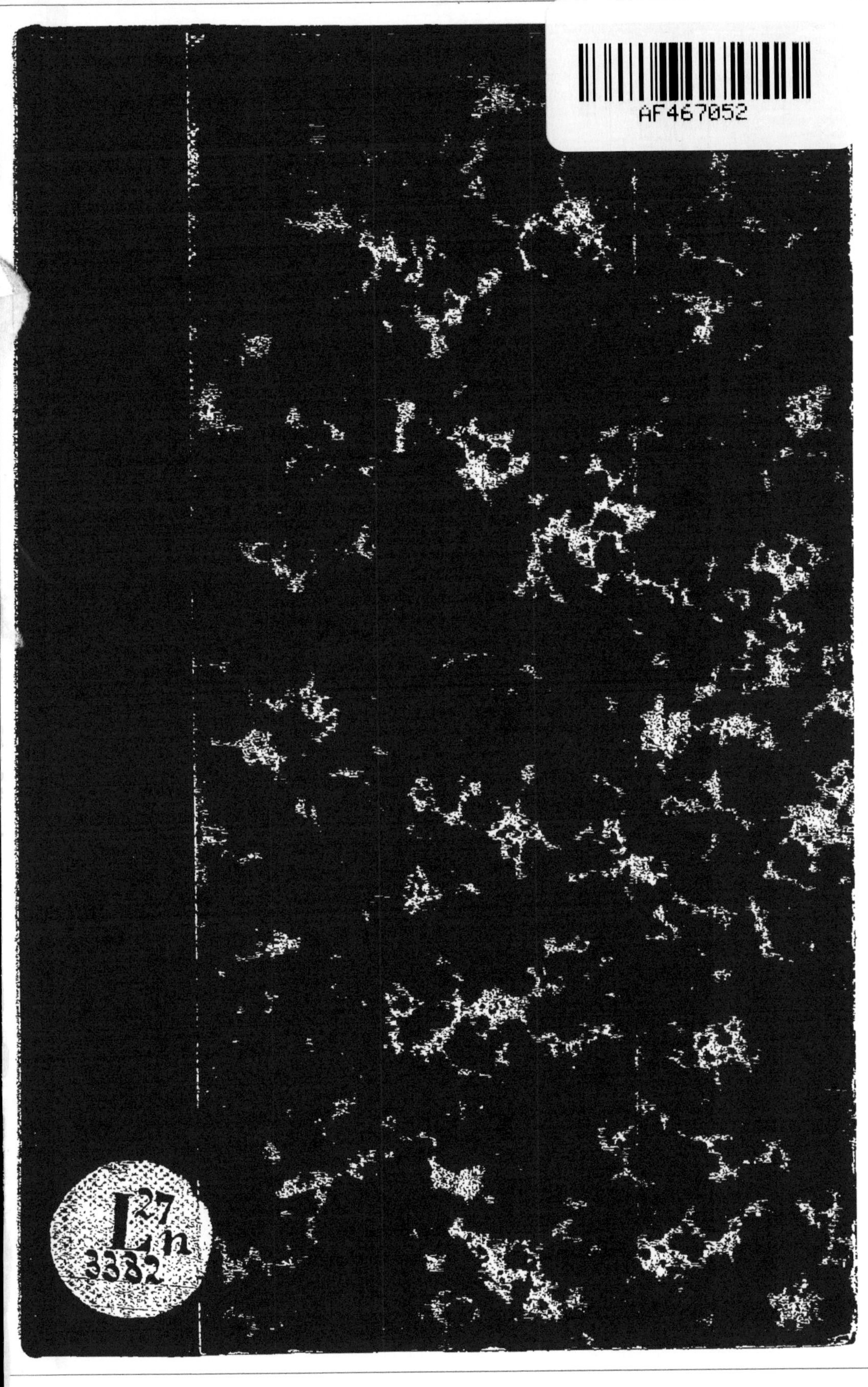
AF467052
L27n
3382

(Par Voltaire.)

AVIS AU PUBLIC SUR LES PARRICIDES IMPUTÉS AUX CALAS ET AUX SIRVEN.

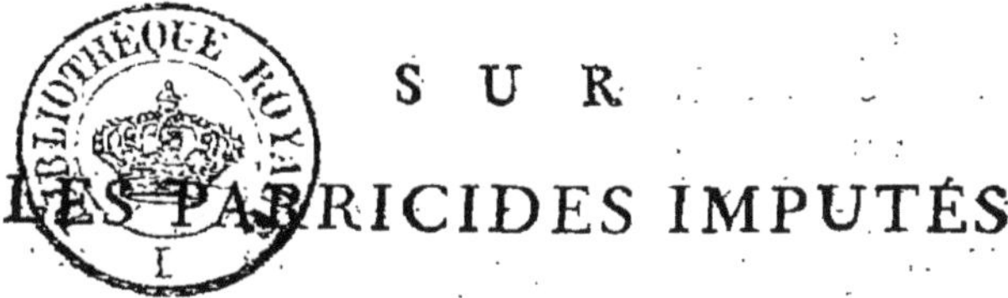

VOILA donc en France deux accusations de parricides pour cause de Religion dans la même année ; & deux familles juridiquement immolées par le fanatisme. Le même préjugé qui étendait *Calas* sur la roue à Toulouse, traînait à la potence la famille entière de *Sirven* dans une Jurisdiction de la même Province ; & le même défenseur de l'innocence, Mr. *Elie de Beaumont*, Avocat au Parlement de Paris, qui a justifié les *Calas*, vient de justifier les *Sirven* par un mémoire signé de plusieurs Avocats ; mémoire qui démontre que le jugement contre les *Sirven* est encor plus absurde que l'arrêt contre les *Calas*.

Voici en peu de mots le fait, dont le récit servira d'instruction pour les étrangers qui n'auront pû lire encore le factum de l'éloquent Mr. *de Beaumont*.

En 1761, dans le tems même que la famille Protestante des *Calas* était dans les fers, accusée d'avoir assassiné *Marc-Antoine Calas*, qu'on supposait vouloir embrasser la Religion Catholique; il arriva qu'une fille du Sr. *Paul Sirven*, Commissaire à Terrier du pays de Castres, fut présentée à l'Evèque de Castres par une femme qui gouverne sa maison. L'Evêque apprenant que cette fille était d'une famille Calviniste, la fait enfermer à Castres dans une espèce de couvent qu'on appelle *la Maison des Régentes*. On instruit à coups de fouet cette jeune fille dans la Religion Catholique, on la meurtrit de coups, elle devient folle, elle sort de sa prison, & quelque temps après elle va se jetter dans un puits, au milieu de la campagne, loin de la maison de son père, vers un village nommé *Mazamet*. Aussi-tôt le Juge du village raisonne ainsi: On va rouer à Toulouse *Calas*, & bruler sa femme, qui sans doute ont pendu leur fils de peur qu'il n'allât à la Messe. Je dois donc, à l'exemple de mes supérieurs, en faire autant des *Sirven*, qui sans doute ont noyé leur fille pour la même cause. Il est vrai que je n'ai aucune preuve que le père, la mère & les deux sœurs de cette fille l'ayent assassinée; mais j'entends dire qu'il n'y a pas plus de preuves contre les *Calas*, ainsi je ne risque rien. Peut-être c'en serait trop pour un Juge de village de rouer & de bruler; j'aurai au moins le plaisir de pendre toute une famille

mille Huguenote, & je ferai payé de mes vacations fur leurs biens confifqués. Pour plus de fûreté, ce fanatique imbécille fait vifiter le cadavre par un Médecin auffi favant en Phyfique que le Juge l'eft en Jurifprudence. Le Médecin tout étonné de ne point trouver l'eftomac de la fille rempli d'eau, & ne fachant pas qu'il eft impoffible que l'eau entre dans un corps dont l'air ne peut fortir, conclut que la fille a été affommée & jettée enfuite dans le puits. Un dévot du vôifinage affure que toutes les familles Proteftantes font dans cet ufage. Enfin, après bien des procédures auffi irrégulières que les raifonnemens étaient abfurdes, le Juge décrète de prife de corps le père, la mère, les fœurs de la décédée. A cette nouvelle *Sirven* affemble fes amis; tous font certains de fon innocence; mais l'avanture des *Calas* rempliffait toute la Province de terreur: ils confeillent à *Sirven* de ne point s'expofer à la démence du fanatifme: il fuit avec fa femme & fes filles: c'était dans une faifon rigoureufe. Cette troupe d'infortunés eft dans la néceffité de traverfer à pied des montagnes couvertes de neige; une des filles de *Sirven*, mariée depuis un an, accouche fans fecours dans le chemin, au milieu des glaces. Il faut que toute mourante qu'elle eft, elle emporte fon enfant mourant dans fes bras. Enfin, une des premières nouvelles que cette famille apprend quand elle eft en lieu de fûreté, c'eft que le père & la mère font condamnés au dernier fupplice, & que les deux fœurs déclarées également coupables, font bannies à perpétuité;

que leur bien est confisqué, & qu'il ne leur reste plus rien au monde que l'opprobre & la misère.

C'est ce qu'on peut voir plus au long dans le chef-d'œuvre de Mr. *de Beaumont*, avec les preuves complettes de la plus pure innocence & de la plus détestable injustice.

La Providence qui a permis que les premières tentatives, qui ont produit la justification de *Calas* mort sur la roue en Languedoc, vinssent du fond des montagnes & des deserts voisins de la Suisse, a voulu encore que la vengeance des *Sirven* vint des mêmes solitudes. Les enfans de *Calas* s'y réfugièrent, la famille de *Sirven* y chercha un azile dans le même temps. Les hommes compatissans, & vraiment religieux, qui ont eu la consolation de servir ces deux familles infortunées, & qui les premiers ont respecté leurs désastres & leur vertu, ne purent alors faire présenter des requêtes pour les *Sirven* comme pour les *Calas*, parce que le procès criminel contre les *Sirven*, s'instruisit plus lentement & dura plus longtems. Et puis comment une famille errante à quatre cent milles de sa patrie pouvait-elle recouvrer les piéces nécessaires à sa justification? que pouvaient un père accablé, une femme mourante, & qui est en effet morte de sa douleur, & deux filles aussi malheureuses que le père & la mère? Il falait demander juridiquement la copie de leur procès; des formes peut-être nécessaires, mais dont l'effet est souvent d'opprimer l'innocent & le pauvre, ne le permetmettaient pas. Leurs parens intimidés n'ofaient même leur écrire ; tout ce que cette famille put apprendre dans un pays étranger, c'eft qu'elle avait été condamnée au fupplice dans fa patrie. Si on favait combien il a fallu de foins & de peines pour arracher enfin quelques preuves juridiques en leur faveur, on en ferait effrayé. Par quelle fatalité eft-il fi aifé d'opprimer & fi difficile de fecourir ?

On n'a pû employer pour les *Sirven* les mêmes formes de juftice dont on s'eft fervi pour les *Calas*, parce que les *Calas* avaient été condamnés par un Parlement, & que les *Sirven* ne l'ont été que par des Juges fubalternes, dont la fentence reffortit à ce même Parlement. Nous ne répéterons rien ici de ce qu'a dit l'éloquent & généreux Mr. *De Beaumont* ; mais ayant confidéré combien ces deux avantures font étroitement unies à l'intérêt du genre humain, nous avons cru qu'il eft du même intérêt d'attaquer dans fa fource le fanatifme qui les a produites. Il ne s'agit que de deux familles obfcures ; mais quand la créature la plus ignorée meurt de la même contagion qui a longtemps défolé la Terre, elle avertit le monde entier que ce poifon fubfifte encore. Tous les hommes doivent fe tenir fur leurs gardes : & *s'il eft quelques Médecins*, ils doivent chercher les remèdes qui peuvent détruire les principes de la mortalité univerfelle.

Il fe peut encore que les formes de la Jurifprudence ne permettent pas que la requête des *Sirven* foit admife au Confeil du Roi de

 France,

France ; mais elle l'eſt par le public ; ce Juge de tous les Juges a prononcé. C'eſt donc à lui que nous nous addreſſons ; c'eſt d'après lui que nous allons parler.

Exemples du fanatiſme en général.

LE genre humain a toujours été livré aux erreurs : toutes n'ont pas été meurtriéres. On a pû ignorer que nôtre globe tourne autour du Soleil, on a pû croire aux diſeurs de bonne avanture, aux revenans ; on a pû croire que les oiſeaux annoncent l'avenir, qu'on enchante les ſerpens, que l'on peut faire naître des animaux bigarés en préſentant aux méres des objets diverſement colorés ; on a pû ſe perſuader que dans le décours de la Lune, la moëlle des os diminue, que les graines doivent pourir pour germer &c. Ces inepties au moins n'ont produit ni perſécutions, ni diſcordes, ni meurtres.

Il eſt d'autres démences qui ont troublé la Terre, d'autres folies qui l'ont inondée de ſang. On ne ſait point aſſez, par exemple, combien de miſérables ont été livrés aux boureaux par des Juges ignorans, qui les condamnèrent aux flammes tranquillement & ſans ſcrupule, ſur une accuſation de ſorcellerie. Il n'y a point eu de Tribunal dans l'Europe Chrétienne qui ne ſe ſoit ſouillé très ſouvent par de tels aſſaſſinats juridiques pendant quinze ſiécles entiers ;

&

& quand je dirai que parmi les Chrétiens, il y a eu plus de cent mille victimes de cette Jurisprudence idiote & barbare, & que la plûpart étaient des femmes & des filles innocentes ; je ne dirai pas encor assez.

Les bibliothèques sont remplies de livres concernant la Jurisprudence de la sorcellerie ; toutes les décisions de ces Juges y sont fondées sur l'exemple des Magiciens de *Pharaon*, de la Pitonisse d'Endor, des possedés dont il est parlé dans l'Evangile, & des Apôtres envoyés expressément pour chasser les Diables des corps des possedés. Personne n'osait seulement alleguer, par pitié pour le genre humain, que DIEU a pû permettre autrefois les possessions & les sortilèges, & ne les permettre plus aujourd'hui. Cette distinction aurait paru criminelle ; on voulait absolument des victimes. Le Christianisme fut toujours souillé de cette absurde barbarie ; tous les Pères de l'Eglise crurent à la Magie ; plus de cinquante Conciles prononcèrent anathême contre ceux qui faisaient entrer le Diable dans le corps des hommes par la vertu de leurs paroles. L'erreur universelle était sacrée ; les hommes d'Etat qui pouvaient détromper les peuples, n'y pensèrent pas, ils étaient trop entrainés par le torrent des affaires. Ils craignaient le pouvoir du préjugé ; ils voyaient que ce fanatisme était né du sein de la Religion même ; ils n'osaient frapper ce fils dénaturé, de peur de blesser la mère ; ils aimèrent mieux s'exposer à être eux-mêmes les esclaves de l'erreur populaire que la combattre.

Les Princes, les Rois ont payé chérement la faute qu'ils ont faite d'encourager la superstition du vulgaire. Ne fit-on pas croire au peuple de Paris que le Roi *Henri III.* employait les sortilèges dans ses dévotions? & ne se servit-on pas longtems d'opérations magiques pour lui ôter une malheureuse vie que le couteau d'un Jacobin trancha plus sûrement que n'eût fait tout l'Enfer évoqué par des conjurations?

Des fourbes ne voulurent-ils pas conduire à Rome *Marthe Brossier* la possédée pour accuser *Henri IV.* au nom du Diable de n'être pas bon Catholique? Chaque année dans ces temps à demi sauvages, auxquels nous touchons, était marquée par de semblables avantures. Tout ce qui restait de la Ligue à Paris ne publia-t-il pas que le Diable avait tordu le cou à la belle *Gabrielle d'Etrée*?

On ne devrait pas, dit-on, reproduire aujourd'hui ces histoires si honteuses pour la nature humaine. Et moi je dis qu'il en faut parler mille fois, qu'il faut les rendre sans cesse présentes à l'esprit des hommes. Il faut répéter que le malheureux prêtre *Urbain Grandier* fut condamné aux flammes par des Juges ignorans & vendus à un Ministre sanguinaire. L'innocence de *Grandier* était évidente; mais des Religieuses assuraient qu'il les avait enforcelées, & c'en était assez. On oubliait DIEU pour ne parler que du Diable. Il arrivait nécessairement que les prêtres ayant fait un article de foi du commerce des hommes avec les Diables, & les Juges regardant ce prétendu crime comme aussi réel & aussi com-

commun que le larcin ; il se trouva parmi nous plus de sorciers que de voleurs.

Une mauvaise Jurisprudence multiplie les crimes.

CE furent donc nos rituels & nôtre Jurisprudence, fondée sur le decret de *Gratien*, qui formèrent en effet des magiciens. Le peuple imbécille disait : Nos prêtres excommunient, exorcisent ceux qui ont fait des pactes avec le Diable ; nos Juges les font bruler ; il est donc très certain qu'on peut faire des marchés avec le Diable : or si ces marchés sont secrets, si *Belzebut* nous tient parole, nous serons enrichis en une seule nuit. Il ne nous en coutera que d'aller au Sabbat ; la crainte d'être découverts ne doit pas l'emporter sur l'espérance des bien infinis que le Diable peut nous faire. D'ailleurs *Belzébut* plus puissant que nos Juges, nous peut secourir contre eux. Ainsi raisonnaient ces misérables ; & plus les Juges fanatiques allumaient de buchers, plus il se trouvait d'idiots qui les affrontaient.

Mais il y avait encore plus d'accusateurs que de criminels. Une fille devenait-elle grosse sans que l'on connût son amant, c'était le Diable qui lui avait fait un enfant. Quelques laboureurs s'étaient-ils procuré par leur travail une recolte plus abondante que celle de ses voisins, c'est qu'ils étaient sorciers ; l'Inquisition

tion les brulait & vendait leur bien à son profit. Le Pape déléguait dans toute l'Allemagne & ailleurs, des Juges qui livraient les victimes au bras séculier ; de sorte que les laïques ne furent très longtemps que les archers & les boureaux des Prêtres. Il en est ainsi encore en Espagne, & en Portugal.

Plus une Province était ignorante & grossiére, plus l'empire du Diable y était reconnu. Nous avons un recueil des arrêst rendus en Franche-Comté contre les sorciers, fait en 1607 par un grand Juge de St. Claude, nommé *Boguet*, & aprouvé par plusieurs Evêques. On mettrait aujourd'hui dans l'hôpital des fous, un homme qui écrirait un pareil ouvrage. Mais alors tous les autres Juges étaient aussi cruellement insensés que lui. Chaque Province eut un pareil registre. Enfin lorsque la Philosophie a commencé à éclairer un peu les hommes, on a cessé de poursuivre les sorciers. Et ils ont disparu de la terre.

Des Parricides.

J'Ose dire qu'il en est ainsi des parricides. Que les Juges du Languedoc cessent de croire légérement que tout père de famille Protestant commence par assassiner ses enfans, dès qu'il soupçonne qu'ils ont ont quelque penchant pour la créance Romaine ; & alors il n'y aura plus de procès de parricides. Ce crime est

eſt encore plus rare en effet que celui de faire un pacte avec le Diable ; car il ſe peut que des femmes imbécilles à qui leur Curé aura fait accroire dans ſon Prône, qu'on peut aller coucher avec un bouc au Sabbat, conçoivent par ce Prône même l'envie d'aller au Sabbat & d'y coucher avec un bouc. Il eſt dans la nature que s'étant frotées d'onguent, elles rèvent pendant la nuit qu'elles on eu les faveurs du Diable. Mais il n'eſt pas dans la nature que les pères & les mères égorgent leurs enfans pour plaire à Dieu. Et peut-être ſi l'on continuait à ſoupçonner qu'il eſt ordinaire aux Proteſtants d'aſſaſſiner leurs enfans de peur qu'ils ne ſe faſſent Catholiques, on leur rendrait enfin la Religion Catholique ſi odieuſe qu'on pourrait venir à bout d'étouffer la nature dans quelques malheureux pères fanatiques, & leur donner la tentation de commettre le crime qu'on ſuppoſe ſi légérement.

Un auteur Italien raporte qu'en Calabre un moine s'aviſa d'aller prêcher de village en village contre la beſtialité, & en fit des peintures ſi vives, qu'il ſe trouva trois mois après plus de cinquante femmes accuſées de cette horreur.

La

La Tolérance peut ſeule rendre la Societé ſupportable.

C'Eſt une paſſion bien terrible que cet orgueil qui veut forcer les hommes à penſer comme nous ; mais n'eſt-ce pas une extrême folie de croire les ramener à nos dogmes en les révoltant continuellement par les calomnies les plus atroces, en les perſécutant, en les trainant aux galéres, à la potence, ſur la roue & dans les flammes ?

Un prêtre Irlandais a écrit depuis peu, dans une brochure, à la vérité ignorée, mais enfin il a écrit, & il a entendu dire à d'autres, que nous venons cent ans trop tard pour élever nos voix contre l'intolérance, que la barbarie a fait place à la douceur, qu'il n'eſt plus temps de ſe plaindre. Je répondrai à ceux qui parlent ainſi ; Voyez ce qui ſe paſſe ſous vos yeux, & ſi vous avez un cœur humain, vous joindrez vôtre compaſſion à la notre. On a pendu en France huit malheureux Prédicans depuis l'année 1745. Les billets de confeſſion ont excité mille troubles ; & enfin un malheureux fanatique de la lie du peuple ayant aſſaſſiné ſon Roi en 1757. a répondu devant le Parlement à ſon premier interrogatoire a), qu'il avait commis ce parricide par principe de Religion, & il a ajouté ces mots funeſtes ; *qui n'eſt bon*

a) Pag. 131. du procès de Damien.

bon que pour soi n'est bon à rien. De qui les tenait-il ? qui faisait parler ainsi un cuistre de collége, un misérable valet ? *b*) Il a soutenu à la torture non seulement que son assassinat était *une œuvre méritoire*, *c*) mais qu'il l'avait entendu dire à tous les Prêtres dans la grande salle du palais où l'on rend la justice.

La contagion du fanatisme subsiste donc encore. Ce poison est si peu détruit, qu'un prêtre du païs des *Calas* & des *Sirven* a fait imprimer *d*) il y a quelques années l'apologie de la St. Barthelemy. Un autre *e*) a publié la justification des meurtriers du Curé *Urbain Grandier*; & quand le traité aussi utile qu'humain de la tolérance a paru en France, on n'a pas osé en permettre le débit publiquement. Ce traité a fait à la vérité quelque bien ; il a dissipé quelques préjugés, il a inspiré de l'horreur pour les persécutions & pour le fanatisme ; mais dans ce tableau des barbaries religieuses, l'auteur a omis bien des traits qui auraient rendu le tableau plus terrible & l'instruction plus frappante.

On a reproché à l'auteur d'avoir été un peu trop loin, lorsque pour montrer combien la persécution est détestable & insensée, il introduit un parent de *Ravaillac* proposant au Jésuite *Le Tellier* d'empoisonner tous les Jansénistes. Cette fiction pourait en effet paraitre trop

b) Pag. 135. *c*) Pag. 405.
d) L'Abbé de Caveirac.
e) L'Abbé de la Menardaye.

trop outrée à quiconque ne ſait pas juſqu'où peut aller la rage folle du fanatiſme. On ſera bien ſurpris quand on apprendra que ce qui eſt une fiction dans le Traité de la Tolérance, eſt une vérité hiſtorique.

On voit en effet dans l'hiſtoire de la Réformation de Suiſſe, que pour prévenir le grand changement qui était prêt d'éclater, des Prêtres ſubornèrent à Genève en 1536. une ſervante, pour empoiſonner trois principaux auteurs de la Réforme, & que le poiſon n'ayant pas été aſſez fort, ils en mirent un plus violent dans le pain & le vin de la Communion publique, afin d'exterminer en un ſeul matin tous les nouveaux Réformés & de faire triompher l'Egliſe de Dieu. *f*)

L'auteur du Traité de la Tolérance n'a point parlé des ſupplices horribles dans leſquels on a fait périr tant de malheureux aux Vallées du Piémont. Il a paſſé ſous ſilence le maſſacre de ſix cent habitans de la Valteline, hommes, femmes, enfans, que les Catholiques égorgèrent un Dimanche au mois de Septembre 1620. Je ne dirai pas que ce fût avec l'aveu & avec le ſecours de l'Archevêque de Milan, *Charles Boromé*, dont on a fait un Saint. Quelques écrivains paſſionnés ont aſſuré ce fait que je ſuis très loin de croire; mais je dis qu'il n'y a guère dans l'Europe de ville & de bourg où le

f) Ruchat tom. 1. pag. 2. 5. 4. 6. & 7. Roſet tom. 3. pag. 13. Savion tom. 3. pag. 126. Mſſ. Chouët pag. 26. avec les preuves du procès.

le ſang n'ait coulé pour des querelles de Réligion ; je dis que l'eſpèce humaine en a ſenſiblement diminué, parce qu'on maſſacrait les femmes & les filles , auſſi - bien que les hommes : je dis que l'Europe ſerait plus peuplée d'un tiers s'il n'y avait point eu d'argument Théologiques. Je dis enfin que loin d'oublier ces temps abominables, il faut les remettre fréquemment ſous nos yeux, pour en inſpirer une horreur éternelle , & que c'eſt à notre ſiécle, à faire amende honorable par la tolérance, pour ce long amas de crimes que l'intolérance a fait commettre pendant ſeize ſiécles de barbarie.

Qu'on ne diſe donc point qu'il ne reſte plus de traces du fanatiſme affreux de l'intolérantiſme ; elles ſont encore partout ; elles ſont dans les pays mêmes qui paſſent pour les plus humains. Les Prédicans Luthériens & Calviniſtes, s'ils étaient les maîtres, feraient peut-être auſſi impitoyables , auſſi durs , auſſi inſolens qu'ils reprochent à leurs antagoniſtes de l'être. La loi barbare , qu'aucun Catholique ne peut demeurer plus de trois jours dans certains pays Proteſtans, n'eſt point encore révoquée. Un Italien , un Français, un Autrichien, ne peut poſſéder une maiſon , un arpent de terre dans leur territoire, tandis qu'au moins on permet en France qu'un Citoyen inconnu de Genève ou de Shaffouſe achète des terres Seigneuriales. Si un Français au contraire voulait acheter un domaine dans les Républiques Proteſtantes dont je parle, & ſi le Gouvernement fermait ſagement les yeux, il y a encore des ames de boue qui s'éléveraient contre cette humanité tolérante.

De

De ce qui fomente principalement l'intolérance, la haine & l'injuſtice.

UN des grands alimens de l'intolérance & de la haine des citoyens contre leurs compatriotes, eſt ce malheureux uſage de perpétuer les diviſions par des monumens & par des fêtes. Telle eſt la proceſſion annuelle de Toulouſe, dans laquelle on remercie DIEU ſolemnellement de quatre mille meurtres : elle a été défendue par pluſieurs Ordonnances des Rois, & n'a point été encor abolie. On inſulte dévotement chaque année la Religion & le Trône par cette cérémonie barbare ; l'inſulte redouble à la fin du ſiécle avec la ſolemnité. Ce ſont là les jeux ſéculaires de Toulouſe : elle demande alors une indulgence plénière au Pape en faveur de la proceſſion. Elle a beſoin ſans doute d'indulgence ; mais on n'en mérite pas quand on éterniſe le fanatiſme.

La dernière cérémonie ſéculaire ſe fit en 1762. au temps même où l'on fit expirer *Calas* ſur la roue. On remerciait DIEU d'un côté, & de l'autre on maſſacrait l'innocence. La poſtérité pourra-t-elle croire à quel excès ſe porte de nos jours la ſuperſtition dans cette malheureuſe ſolemnité ?

Dabord les Savetiers, en habit de cérémonie, portent la tête du premier Evêque de Toulouſe, Prince du Péloponèſe, qui ſiégeait inconteſtableblement à Toulouſe avant la mort de JESUS-CHRIST. Enſuite viennent les Couvreurs chargés des os de tous les enfans qu'*Hérode* ne manqua pas de faire égorger, il y a dix-ſept cent ſoixante & ſix ans ; & quoique ces enfans ayent été enterrés à Ephèſe, comme les onze mille vierges à Cologne, au vû & au ſû de tout le monde, ils n'en ſont pas moins enchaſſés à Toulouſe.

Les Fripiers étalent un morceau de la robe de la Vierge, dont ils ont très grand ſoin, & qu'ils ont acheté à la foire de Beaucaire d'une revendeuſe Juive.

Les reliques de *St. Pierre* & de *St. Paul* ſont portées par les frères Tailleurs. Apparemment que ce ſont les habits que leur faiſait la couturière *Dorcas* ; car pour les corps, il eſt indubitable qu'ils ſont à Rome avec leurs clefs.

Trente corps morts paraiſſent enſuite dans cette marche. Si on s'en tenait à ces momeries, elles ne ſeraient que ridicules & dégoutantes. La pieté trompée n'en eſt pas moins pieté. Le ſot peuple peut à toute force remplir ſes devoirs, (ſurtout quand la police eſt exacte), quoiqu'il porte en proceſſion les os des quatorze mille enfans tués par l'ordre ſenſé d'*Hérode* dans Bethléem. Mais tant de corps morts qui ne ſervent en ce jour qu'à renouveller la mémoire de quatre mille citoyens égorgés en 1562, ne peuvent faire ſur les cerveaux des vivans qu'une impreſſion funeſte. Ajoutez que les pénitens blancs & noirs marchans à cette proceſſion avec un maſque de drap ſur le viſage, reſſemblent à des revenans qui augmentent l'horreur de cette fète lugubre. On en ſort la tête remplie de fantômes, le cœur ſaiſi de l'eſprit de fanatiſme & rempli de fiel contre ſes frères que cette proceſſion outrage. C'eſt ainſi qu'on ſortait autrefois de la chambre des méditations chez les Jéſuites; l'imagination s'enflamme à ces objets, l'ame devient atroce & implacable.

Malheureux humains! ayez des fètes qui adouciſſent les mœurs, qui portent à la clémence, à la douceur, à la charité. Célébrez la journée de Fontenoy, où tous les ennemis bleſſés furent portés avec les nôtres dans les mêmes maiſons, dans les mêmes hopîtaux, où ils furent traités, ſoignés avec le même empreſſement.

Célébrez la généroſité des Anglais qui firent une ſouſcription en faveur de nos priſonniers dans la dernière guerre.

Célébrez les bienfaits dont *Louis XV.* a comblé la famille *Calas*, & que cette fète ſoit une éternelle réparation de l'injuſtice.

Célébrez les inſtitutions bienfaiſantes & utiles des Invalides, des Demoiſelles de St. Cyr, des Gentilshommes de l'école militaire. Que vos fètes ſoient les commémorations des actions vertueuſes, & non de la haine, de la diſcorde, de l'abrutiſſement, & du meurtre, & du carnage.

Cauſes

Causes étranges de l'Intolérance.

JE supose qu'on raconte toutes ces choses à un Chinois, à un Indien de bon sens, & qu'il ait la patience de les écouter; je supose qu'il veuille s'informer pourquoi on a tant persécuté en Europe, pourquoi des haines si invétérées éclatent encore, d'où sont partis tant d'anathêmes réciproques, tant d'instructions pastorales qui ne sont que des libelles diffamatoires, tant de lettres de cachet qui sous *Louis XIV.* ont rempli les prisons & les deserts, il faudra bien qu'on lui réponde. On lui dira donc en rougissant; Les uns croyent à la grace versatile, les autres à la grace efficace. On dit dans Avignon que JESUS est mort pour tous, & dans un fauxbourg de Paris, qu'il est mort pour plusieurs. Là on assure que le mariage est le signe visible d'une chose invisible; ici on prétend qu'il n'y a rien d'invisible dans cette union. Il y a des villes où les apparences de la matiére peuvent subsister sans que la matière apparente existe, & où un corps peut être en mille endroits différents. Il y a d'autres villes où l'on croit la matière pénétrable: & pour comble enfin, il y a dans ces villes de grands édifices où l'on enseigne une chose, & d'autres édifices où il faut croire une chose toute contraire. On a une différente manière d'argumenter, selon qu'on porte une robe blanche, grise ou noire, ou selon qu'on est affublé d'un manteau ou d'une chazuble. Ce ſont là les raiſons de cette intolérance réciproque qui rend éternellement ennemis les ſujets d'un même état ; & par un renverſement d'eſprit inconcevable on laiſſe ſubſiſter ces ſemences de diſcorde.

Certainement l'Indien ou le Chinois ne pourra comprendre qu'on ſe ſoit perſécuté, égorgé ſi longtemps pour de telles raiſons. Il penſera d'abord que cet horrible acharnement ne peut avoir d'autre ſource que dans des principes de morale entiérement oppoſés. Il ſera bien ſurpris, quand il apprendra que nous avons tous la même morale, la même qu'on profeſſa de tout temps à la Chine & dans les Indes, la même qui a gouverné tous les peuples. Qu'il devra nous plaindre alors & nous mépriſer, en voyant que cette morale uniforme & éternelle n'a pu ni nous réunir, ni nous adoucir, & que les ſubtilités ſcholaſtiques ont fait des monſtres de ceux qui en s'attachant ſimplement à cette même morale auraient été des frères.

Tout ce que je dis ici à l'occaſion des *Calas* & des *Sirven*, on aurait dû le dire pendant quinze cent années, depuis les querelles d'*Athanaſe* & d'*Arius*, que l'Empereur *Conſtantin* traita d'abord d'inſenſées, juſqu'à celles du jéſuite *Le Tellier*, & du janſéniſte *Queſnel*, & des billets de confeſſion. Non, il n'y a pas une ſeule diſpute Théologique qui n'ait eu des ſuites funeſtes. On en compilerait vingt volumes ; mais je veux finir par celle des Cordeliers & des Jacobins, qui prépara la réformation de la puiſſante République de Berne. C'eſt de de mille histoires de cette nature la plus horrible, la plus sacrilège, & en même tems la plus avérée.

Digression sur les sacriléges qui amenèrent la réformation de Berne.

ON sait assez que les Cordeliers ou Franciscains, & les Jacobins ou Dominicains, se détestaient réciproquement depuis leur fondation. Ils étaient divisés sur plusieurs points de Théologie, autant que sur l'intérêt de leur besace. Leur principale querelle roulait sur l'état de *Marie* avant qu'elle fût née. Les frères Cordeliers assuraient que *Marie* n'avait pas péché dans le ventre de sa mère; les frères Jacobins le niaient. Il n'y eut jamais peut-être de question plus ridicule, & ce fut celà même qui rendit ces deux ordres de moines irréconciliables.

Un Cordelier prêchant à Francfort en 1503. sur l'immaculée conception de *Marie*, vit entrer dans l'Eglise un Dominicain nommé *Vigam*; *Sainte Vierge*, s'écria-t-il, *je te remercie de n'avoir pas permis que je fusse d'une secte qui te deshonore toi & ton fils!* *Vigam* lui répondit qu'il en avait menti; le Cordelier descendit de sa chaire, un crucifix de fer à la main, il en frappa si rudement le Jacobin *Vigam*, qu'il le laissa presque mort sur la place; après quoi il acheva son sermon sur la Vierge.

Les Jacobins s'assemblèrent en Chapitre pour

ſe venger ; & dans l'eſpérance d'humilier davantage les Cordeliers, ils réſolurent de faire des miracles. Après pluſieurs eſſais infructueux, ils trouvèrent enfin une occaſion favorable dans Berne.

Un de leurs moines confeſſait un jeune tailleur imbécille nommé *Jetzer*, très dévot d'ailleurs à la Vierge *Marie* & à Ste. *Barbe*. Cet idiot leur parut un excellent ſujet à miracles. Son Confeſſeur lui perſuada que la Vierge & Ste. *Barbe* lui ordonnaient expreſſément de ſe faire Jacobin & de donner tout ſon argent au couvent. *Jetzer* obéit, il prit l'habit. Quand on eut bien éprouvé ſa vocation, quatre Jacobins, dont les noms ſont au procès, ſe déguiſèrent pluſieurs fois comme ils purent, l'un en Ange, l'autre en ame du Purgatoire, un troiſiéme en Vierge *Marie*, & le quatriéme en Ste. *Barbe*.

Le réſultat de toutes ces apparitions qui ſeraient trop ennuyeuſes à décrire, fut qu'enfin la Vierge lui avoua qu'elle était née dans le péché originel, qu'elle aurait été damnée, ſi ſon fils qui n'était pas encore au monde, n'avait pas eu l'attention de la régenerer immédiatement après qu'elle fut née, que les Cordeliers étaient des impies qui offenſaient griévement ſon fils, en prétendant que ſa mère avait été conçue ſans péché mortel, & qu'elle le chargeait d'annoncer cette nouvelle à tous les bons ſerviteurs de DIEU & de *Marie* dans Berne.

Jetzer n'y manqua pas. *Marie* pour le remercier

mercier lui apparut encore, accompagnée de deux Anges robustes & vigoureux; elle lui dit qu'elle venait lui imprimer les saints stigmates de son fils pour preuve de sa mission & pour sa récompense. Les deux Anges le lièrent; la Vierge lui enfonça des clous dans les pieds & dans les mains. Le lendemain on exposa publiquement sur l'autel frère *Jetzer*, tout sanglant des faveurs célestes qu'il avait reçues. Les dévotes vinrent en foule baiser ses playes. Il fit autant de miracles qu'il voulut; mais les apparitions continuant toujours, *Jetzer* reconnut enfin la voix du Sous-prieur sous le masque qui le cachait; il cria, il menaça de tout révéler; il suivit le Sous-prieur jusques dans sa cellule, il y trouva son Confesseur, *Ste. Barbe* & les deux Anges qui buvaient avec des filles.

Les moines découverts n'avaient plus d'autre parti à prendre que celui de l'empoisonner : ils saupoudrèrent une hostie de sublimé corrosif; *Jetzer* la trouva d'un si mauvais gout qu'il ne put l'avaler; il s'enfuit hors de l'Eglise, en criant aux empoisonneurs & aux sacrilèges. Le procès dura deux ans; il falut plaider devant l'Evêque de Lausanne; car il n'était pas permis alors à des séculiers d'oser juger des moines. L'Evêque prit le parti des Dominicains; il jugea que les apparitions étaient véritables, & que le pauvre *Jetzer* était un imposteur; il eut même la barbarie de faire mettre cet innocent à la torture; mais les Dominicains ayant ensuite eu l'imprudence de le dégrader & de lui ôter l'habit d'un ordre si saint,

Jetzer étant redevenu ſéculier par cette manœuvre, le Conſeil de Berne s'aſſura de ſa perſonne, reçut ſes dépoſitions, & vérifia ce long tiſſu de crimes; il falut faire venir des juges eccléſiaſtiques de Rome; il les força par l'évidence de la vérité à livrer les coupables au bras ſéculier; ils furent brulés le 31. Mai 1509. à la porte de Marſilly. Tout le procès eſt encore dans les archives de Berne, & il a été imprimé pluſieurs fois.

Des ſuites de l'eſprit de parti & du fanatiſme.

SI une ſimple diſpute de moines a pû produire de ſi étranges abominations, ne ſoyons point étonnés de la foule des crimes que l'eſprit de parti a fait naitre entre tant de ſectes rivales: craignons toujours les excès où conduit le fanatiſme. Qu'on laiſſe ce monſtre en liberté, qu'on ceſſe de couper ſes griffes & de briſer ſes dents, que la raiſon ſi ſouvent perſécutée ſe taiſe, on verra les mêmes horreurs qu'aux ſiécles paſſés; le germe ſubſiſte; ſi vous ne l'étouffez pas, il couvrira la terre.

Jugez donc enfin, lecteurs ſages, lequel vaut le mieux, d'adorer DIEU avec ſimplicité, de remplir tous les devoirs de la ſociété ſans agiter des queſtions auſſi funeſtes qu'incompréhenſibles, & d'être juſtes & bienfaiſants, ſans être d'aucune faction, que de vous livrer à des opinions

nions fantaſtiques qui conduiſent les ames faibles à un entouſiaſme deſtructeur & aux plus déteſtables atrocités.

Je ne crois point m'être écarté de mon ſujet, en rapportant tous ces exemples, en recommandant aux hommes la Religion qui les unit, & non pas celle qui les diviſe ; la Religion qui n'eſt d'aucun parti, qui forme des citoyens vertueux, & non d'imbécilles ſcholaſtiques ; la Religion qui tolère, & non celle qui perſécute ; la Religion qui dit que toute la loi conſiſte à aimer Dieu & ſon prochain, & non celle qui fait de Dieu un tiran & de ſon prochain un amas de victimes.

Ne faiſons point reſſembler la Religion à ces nymphes de la fable qui s'accouplèrent avec des animaux & qui enfantèrent des monſtres.

Ce ſont les moines ſurtout, qui ont perverti les hommes. Le ſage & profond *Leibnitz* l'a prouvé évidemment. Il a fait voir que le dixiéme ſiécle, qu'on appelle le ſiécle de fer, était bien moins barbare que le treiziéme & les ſuivans, où nâquirent ces multitudes de gueux qui firent vœu de vivre aux dépends des laïques & de tourmenter les laïques. Ennemis du genre humain, ennemis les uns des autres & d'eux-mêmes, incapables de connaitre les douceurs de la ſocieté, il falait bien qu'ils la haïſſent. Ils déployent entre eux une dureté dont chacun d'eux gémit & que chacun d'eux redouble. Tout moine ſecoue la chaine qu'il s'eſt donnée, en frappe ſon confrère, & en eſt frappé à ſon tour. Malheureux dans leurs ſacrés

repai-

repaires, ils voudraient rendre malheureux les autres hommes. Leurs cloitres ſont le ſéjour du repentir, de la diſcorde & de la haine. Leur juriſdiction ſecrette eſt celle de *Maroc* & d'*Alger*. Ils enterrent pour la vie dans des cachots, ceux de leurs frères qui peuvent les accuſer. Enfin ils ont inventé l'Inquiſition.

Je ſais que dans la multitude de ces miſérables qui infectent la moitié de l'Europe, & que la ſéduction, l'ignorance, la pauvreté ont précipité dans des cloîtres à l'âge de quinze ans, il s'eſt trouvé des hommes d'un rare mérite, qui ſe ſont élevés au-deſſus de leur état, & qui ont rendu ſervice à leur patrie. Mais j'oſe aſſurer que tous les grands hommes dont le mérite a percé du cloître dans le monde, ont tous été perſécutés par leurs confrères. Tout ſavant, tout homme de génie y eſſuye plus de dégoûts, plus de traits de l'envie, qu'il n'en aurait éprouvé dans le monde. L'ignorant & le fanatique qui ſoutiennent les intérêts de la beſace, y ont plus de conſidération que n'en aurait le plus grand génie de l'Europe; l'horreur qui règne dans ces cavernes paraît rarement aux yeux des ſéculiers; & quand elle éclate, c'eſt par des crimes qui étonnent. On a vû au mois de May de cette année huit de ces malheureux, qu'on nomme *Capucins*, accuſés d'avoir égorgé leur Supérieur dans Paris.

Cependant par une fatalité étrange, des pères, des mères, des filles diſent à genoux tous leurs ſecrets à ces hommes, le rebut de la nature,

ture, qui tous ſouillés de crimes, ſe vantent de remettre les péchés des hommes au nom du Dieu qu'ils font de leurs propres mains.

Combien de fois ont-ils inſpiré à ceux qu'ils appellent leurs *Pénitens* toute l'atrocité de leur caractère ? C'eſt par eux que ſont fomentées principalement ces haines religieuſes qui rendent la vie ſi amère. Les Juges qui ont condamné les *Calas* & les *Sirven* ſe confeſſent à des moines : ils ont donné deux moines à *Calas* pour l'accompagner au ſuplice. Ces deux hommes, moins barbares que leurs confrères, avouèrent d'abord que *Calas* en expirant ſur la roue avait invoqué DIEU avec la réſignation de l'innocence. Mais quand nous leur avons demandé une atteſtation de ce fait, ils l'ont refuſée ; ils ont craint d'être punis par leurs Supérieurs, pour avoir dit la vérité.

Enfin, qui le croirait, après le jugement ſolemnel rendu en faveur des *Calas*, il s'eſt trouvé un jéſuite Irlandais, qui, dans la plus inſipide des brochures, a oſé dire que les défenſeurs des *Calas* & les Maîtres des Requêtes qui ont rendu juſtice à leur innocence, étaient des ennemis de la Religion.

Les Catholiques répondent à tous ces reproches, que les Proteſtans en méritent d'auſſi violents. Les meurtres de *Servet* & de *Barnevelt*, diſent-ils, valent bien ceux du Conſeiller *Du Bourg*. On peut oppoſer la mort de *Charles I.* à celle de *Henri III.* Les ſombres fureurs des Presbytériens d'Angleterre, la rage des Cannibales des Cevennes, ont égalé les horreurs de la *St. Barthelemi*. Com-

Comparez les ſectes, comparez les temps; vous trouverez partout, depuis ſeize cent années, une meſure à peu près égale d'abſurdités & d'horreurs, partout des races d'aveugles ſe déchirant les uns les autres dans la nuit qui les environne. Quel livre de controverſe n'a pas été écrit avec le fiel? & quel dogme Théologique n'a pas fait répandre du ſang? C'était la ſuite néceſſaire de ces terribles paroles; *Quiconque n'écoute pas l'Egliſe ſoit regardé comme un Payen & un Publicain.* Chaque parti prétendait être l'Egliſe; chaque parti a donc dit toûjours; Nous abhorrons les commis de la Douane, il nous eſt enjoint de traiter quiconque n'eſt pas de notre avis, comme les contrebandiers traitent les commis de la Douane quand ils ſont les plus forts. Ainſi partout le premier dogme a été celui de la haine.

Lorſque le Roi de Pruſſe entra pour la première fois dans la Siléſie, une bourgade Proteſtante, jalouſe d'un village Catholique, vint demander humblement au Roi la permiſſion de tout tuer dans ce village. Le Roi répondit aux députés; Si ce village venait me demander la permiſſion de vous égorger, trouveriez-vous bon que je la lui accordaſſe? Oh, gracieuſe Majeſté! répliquèrent les Députés, cela eſt bien différent, nous ſommes la véritable Egliſe.

Remèdes contre la rage des ames.

LA rage du préjugé qui nous porte à croire coupables tous ceux qui ne ſont pas de notre avis, la rage de la ſuperſtition, de la perſécution, de l'inquiſition, eſt une maladie épidémique qui a régné en divers temps, comme la peſte ; voici les préſervatifs reconnus pour les plus ſalutaires. Faites-vous rendre compte d'abord des loix Romaines juſqu'à *Théodoſe*, vous ne trouverez pas un ſeul Edit pour mettre à la torture ou crucifier ou rouer ceux qui ne ſont accuſés que de penſer différemment de vous, & qui ne troublent point la ſociété par des actions de déſobéiſſance, & par des inſultes au culte public autoriſé par les loix civiles. Cette première réflexion adoucira un peu les ſymptomes de la rage.

Raſſemblez pluſieurs paſſages de *Cicéron*, & commencez par celui-ci : *Superſtitio inſtat & urget, & quocumque te verteris perſequitur, &c.* * Si vous laiſſez entrer chez vous la ſuperſtition, elle vous pourſuivra partout ; elle ne vous laiſſera point de relâche. Cette précaution ſera très utile contre la maladie qu'il faut traiter.

N'oubliez pas *Sénèque*, qui dans ſa 95e. Epitre s'exprime ainſi ; *Voulez-vous avoir Dieu propice? Soyez juſtes ; on l'honore aſſez quand*

* *Cic. de Divinatione.*

quand on l'imite. Vis Deum propitiari? bonus esto; satis illum coluit quisquis imitatus est.

Quand vous aurez choisi de quoi faire une provision de ces remèdes antiques qui sont innombrables, passez ensuite au bon Evêque *Sinésius*, qui dit à ceux qui voulaient le consacrer; *Je vous avertis que je ne veux ni tromper ni forcer la conscience de personne; je souffrirai que chacun demeure paisiblement dans son opinion, & je demeurerai dans les miennes. Je n'enseignerai rien de ce que je ne crois pas. Si vous voulez me consacrer à ces conditions, j'y consens; sinon, je renonce à l'Evêché.*

Descendez aux modernes; prenez des préservatifs dans l'Archevêque *Tillotson*, le plus sage & le plus éloquent Prédicateur de l'Europe.

Toutes les sectes, dit-il *, *s'échauffent avec d'autant plus de fureur, que les objets de leur emportement sont moins raisonnables. All sects are commonly most hot and furious for those things for which there is least reason.*

Il vaudrait mieux, dit-il ailleurs, *être sans Révélation, il vaudrait mieux s'abandonner aux sages principes de la nature qui inspirent la douceur, l'humanité, la paix, & qui font le bonheur de la société, que d'être guidés par une Religion qui porte dans les ames une fureur si sauvage. Better it were that there were no reveal'd religion; and that human nature, were left to the conduct of ist own principles mild and mercifull and conducive*

* Sixième Sermon.

ducive to the happineſs of ſociety, than to be acted by a religion which inſpires men with ſo wild a fury. Remarquez bien ces paroles mémorables ; elles ne veulent pas dire que la raiſon humaine eſt préférable à la Révélation ; elles ſignifient que s'il n'y avait point de milieu entre la raiſon & l'abus d'une Révélation qui ne ferait que des fanatiques, il vaudrait cent fois mieux ſe livrer à la nature qu'à une Religion tyrannique & perſécutrice.

Je vous recommande encor ces vers que j'ai lûs dans un ougrage qui eſt à la fois très pieux & très philoſophique.

A la Religion diſcrétement fidelle,
Sois doux, compatiſſant, ſage, indulgent comme elle;
Et ſans noyer autrui ſonge à gagner le port :
Qui pardonne a raiſon, & la colère a tort.
Dans nos jours paſſagers de peines, de miſères,
Enfans du même Dieu, vivons du moins en frères,
Aidons nous l'un & l'autre à porter nos fardeaux.
Nous marchons tous courbés ſous le poids de nos maux;
Mille ennemis cruels aſſiégent nôtre vie,
Toûjours par nous maudite, & toûjours ſi chérie :
Nôtre cœur égaré, ſans guide & ſans apui,
Eſt brulé de déſirs, ou glacé par l'ennui.
Nul de nous n'a vécu ſans connaître les larmes.
De la ſocieté les ſecourables charmes
Conſolent nos douleurs au moins quelques inſtans,
Remède encor trop faible à des maux ſi conſtans.
Ah! n'empoiſonnons pas la douceur qui nous reſte.
Je crois voir des forçats dans un cachot funeſte,

Se

Se pouvant ſecourir, l'un ſur l'autre acharnés,
Combattre avec les fers dont ils ſont enchainés.

Quand vous aurez nourri vôtre eſprit de cent paſſages pareils, faites encor mieux; mettez vous au régime de penſer par vous-même; examinez ce qui vous revient de vouloir dominer ſur les conſciences. Vous ſerez ſuivi de quelques imbécilles; & vous ſerez en horreur à tous les eſprits raiſonnables. Si vous êtes perſuadé, vous êtes un tyran d'exiger que les autres ſoient perſuadés comme vous. Si vous ne croyez pas, vous êtes un monſtre d'enſeigner ce que vous mépriſez, & de perſécuter ceux mêmes dont vous partagez les opinions. En un mot, la tolérance mutuelle eſt l'unique remède aux erreurs qui pervertiſſent l'eſprit des hommes d'un bout de l'Univers à l'autre.

Le genre humain eſt ſemblable à une foule de voyageurs qui ſe trouvent dans un vaiſſeau; ceux là ſont à la poupe, d'autres à la prouë, pluſieurs à fond de cale & dans la ſentine. Le vaiſſeau fait eau de tous cotés, l'orage eſt continuel; miſérables paſſagers qui ſerons tous engloutis! faut-il qu'au lieu de nous porter les uns aux autres les ſecours néceſſaires qui adouciraient le paſſage, nous rendions nôtre navigation affreuſe! Mais celui-ci eſt Neſtorien, cet autre eſt Juif; en voilà un qui croit à un Picard, un autre à un natif d'Iſlèbe; ici eſt une famille d'ignicoles; là ſont des Muſulmans; à quatre pas voilà des Anabatiſtes. Eh, qu'importe portent leurs ſectes ? Il faut qu'ils travaillent tous à calfater le vaiſſeau, & que chacun, en aſſurant la vie de ſon voiſin pour quelques moments, aſſure la ſienne; mais ils ſe querellent, & ils périſſent.

Concluſion.

APrès avoir montré aux lecteurs cette chaîne de ſuperſtitions qui s'étend de ſiécle en ſiécle juſqu'à nos jours, nous implorons les ames nobles & compatiſſantes, faites pour ſervir d'exemple aux autres; nous les conjurons de daigner ſe mettre à la tête de ceux qui ont entrepris de juſtifier & de ſecourir la famille des *Sirven.* L'avanture effroyable des *Calas*, à laquelle l'Europe s'eſt intéreſſée, n'aura point épuiſé la compaſſion des cœurs ſenſibles: & puiſque la plus horrible injuſtice s'eſt multipliée, la pitié vertueuſe redoublera.

On doit dire à la louange de nôtre ſiécle, & à celle de la Philoſophie, que les *Calas* n'ont reçu les ſecours qui ont réparé leur malheur, que des perſonnes inſtruites & ſages qui foulent le fanatiſme à leurs pieds. Pas un de ceux qu'on appelle *dévots*, je le dis avec douleur, n'a eſſuié leurs larmes ni rempli leur bourſe. Il n'y a que les eſprits raiſonnables qui penſent noblement; des Têtes Couronnées, des ames dignes de leur rang, ont donné à cette occaſion de grands exemples;

 leurs

leurs noms ſeront marqués dans les faſtes de la Philoſophie, qui conſiſte dans l'horreur de la ſuperſtition, & dans cette charité univerſelle que *Cicéron* recommande; *caritas humani generis*: charité dont la Théologie s'eſt aproprié le nom, comme s'il n'apartenait qu'à elle, mais dont elle a proſcrit trop ſouvent la réalité; charité, amour du genre humain, vertu inconnue aux trompeurs, aux pédants qui argumentent, aux fanatiques qui perſécutent.